Eve
Mandarin for
parents

Ann Hamilton

For Lily, Ava & Tom

Further thanks to Sharon Lee, William Lee & Nicole Yip

All rights reserved.

Cover images designed by pch.vector / Freepik

MESSAGE FROM THE AUTHOR

It wasn't until I became a parent 4 years ago that I realised how much I wanted my children to learn Chinese. Being a first generation British born Chinese (BBC) my parents and grandma raised us to speak Hakka. I do not regret that one bit as I'll always have that Hakka connection, however sadly it is not commonly spoken these days and as I've gotten older, my Chinese has got rustier. I have struggled many times communicating in Hong Kong and awkwardly reverting to English.

With my basic Chinese, I soon realised that in order for my children to learn Chinese, they need to hear me speak it and I need to create a need to communicate in Chinese. As they say, it starts a home, but living in the UK, far from any Chinese playgroups or schools and my husband not speaking Chinese, the odds are stacked against us.

Being a working mum, with limited time (and energy) I needed something that help will teach me and my family Chinese while taking care of and playing with them. This is when I thought, why not just slowly convert what I say every day to Cantonese? This was when this book was born alongside the Cantonese edition.

In this book I have included useful phrases used in everyday life so it will be used repetitively. This phrasebook is geared towards colloquial Chinese that would be otherwise spoken at home with family and friends.

The aim of this book is to help introduce key vocabulary used in everyday situations and become familiar with the sentence structure used in daily conversation.

With that said, I hope this book makes learning Chinese for you and your family less intimidating, less stressful and most importantly, fun. My kids find it highly amusing hearing their dad try to speak Chinese!

Good luck and wishing you and your family all the best in your Chinese journey!

加油! Jiā yóu! (a saying of encouragement, literally meaning - add oil!)

All the best.

Ann

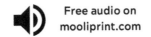

CONTENTS

The Basics

Daily routine

Health and personal care

Daily activities

Early learning and play

Eating

Social skills & emotions

Sleeping

THE BASICS

Pronouns

I /me	我	Wǒ
You	你	Nǐ
He	他	Tā
She	她	Tā
It	它	Tā
We/ us	我们	Wǒmen
You (plural)	你们	Nǐmen
They/ them	他们	Tāmen

Possession

My/ mine	我的	Wǒ de
Your/ yours	你的	Nǐ de
His	他的	Tā de
Hers	她的	Tā de
Our	我们的	Wǒmen de
Theirs	他们的	Tāmen de

Where?	哪里?	Nǎlǐ?
How?	怎么?	Zěnme?
Why?	为什么?	Wèishéme?
When?	什么时候?	Shénme shíhòu?
Who?	谁?	Shéi?
What?	什么?	Shénme?

Measure words/ classifiers

Just as you would say two pieces of toast or a pair of shoes, the majority of words come with a classifier in Chinese. As there isn't a singular or plural form in Chinese, classifiers are used to help quantify an object.

A sentence with a measure word consists of:

A number	✚	A measure word	✚	Noun (object)

For example: 3 people 三个人

三	个	人
sān	gè	rén
3	**measure word**	**people**

9

Common classifiers

The list below are some of the common ones with examples in what context they can be used. If you are unsure, a safe bet will be to use 个 gè and the majority of people will understand.

个	Gè	The most common: people, thing
位	Wèi	Person
名	Míng	Person, professional
只	Zhī	Animal
支	Zhī	For long, thin, objects
堆	Duī	Big pile
颗	Kē	Small, compact
包	Bāo	A pack
卷	Juǎn	A roll
盒	Hé	A box
本	Běn	Books
桶	Tǒng	Tube, bucket
次	Cì	Time, occurance
份	Fèn	Portions
条	Tiáo	Long (and winding)

Days of the week

Monday	星期一	Xīng qí yī
Tuesday	星期二	Xīng qí èr
Wednesday	星期三	Xīng qī sān
Thursday	星期四	Xīng qī sì
Friday	星期五	Xīng qī wǔ
Saturday	星期六	Xīng qī liù
Sunday	星期日	Xīng qī rì

Months of the year

January	一月	Yī yuè
February	二月	Èr yuè
March	三月	Sān yuè
April	四月	Sì yuè
May	五月	Wǔ yuè
June	六月	Liù yuè
July	七月	Qī yuè
August	八月	Bā yuè
September	九月	Jiǔ yuè
October	十月	Shí yuè
November	十一月	Shí yī yuè
December	十二月	Shí èr yuè

DAILY ROUTINE

1. GOOD MORNING!
早安！
ZǍO ĀN!

It's time to wake up!

该起床啦。

Gāi qǐ chuáng la.

Did you sleep well?

你睡得好吗?

Nǐ shuì dé hǎo ma?

What did you dream about?

你梦到了什么呀?

Nǐ mèng dàole shénme ya?

That's a nice dream!

那可真是个好梦啊!

Nà kě zhēn shi gè hǎo mèng a!

Don't worry, it was just a dream.

别担心，那只是个梦而已。

Bié dānxīn, nà zhǐshì gè mèng ér yǐ.

Let's get ready for the day.

让我们来为新的一天做好准备。

Ràng wǒmen lái wéi xide yītiān zuò hǎo zhǔnbèi.

You need to get up or we will be late.

你再不起床的话我们就要迟到了哦。

Nǐ zàibu qǐchuáng dehuà wǒmen jiù yào chídàole ó.

Hurry up! 快点!

Kuài diǎn!

Vocabulary 词汇 Cíhuì

Alarm clock	闹钟	Nào zhōng
Wake up	起床	qǐ chuáng
Dream	梦	Mèng
Sleep	睡觉	Shuì jiào
Dressing gown	晨衣	Chén yī
To be late	迟到	Chí dào

2. FEEDING BABY
喂饭
WÈI FÀN

Are you hungry? Let mummy feed you?

你饿了吗? 让妈妈喂你。

Nǐ èle ma? Ràng māmā wèi nǐ.

I'm making a bottle.

我正在泡奶粉了。

Wǒ zhèngzài pào nǎi fěn le

It's coming! Hang on!

马上就好! 等等啊。

Mǎshàng jiù hǎo! Děng děng a.

Have you finished?

你吃完了吗?

Nǐ chī wánle ma?

Let me burp you.

让我来给你拍拍嗝。

Ràng wǒ lái gěi nǐ pāi pāi gé.

Wow that's a good burp!

哇，好大一个嗝啊!

Wa, hào dà yīgè gé a!

Vocabulary 词汇 Cíhuì

Baby formula	婴儿奶粉	Yīng ér nǎifěn
Baby bottle	婴儿奶瓶	Yīng ér nǎipíng
Breast feeding	母乳喂养	Mǔrǔ wèiyǎng
Baby food	婴儿食品	Yīng ér shípǐn
High chair	高脚椅	Gāo jiǎo yǐ

3.BREAKFAST
早餐
ZĂO CĀN

Breakfast is ready.　　早餐准备好啦。
Zǎocān zhǔnbèi hǎo la

Let's eat breakfast.　　让我们来吃早餐吧。
Ràng wǒmen lái chī zǎocān ba.

What do you want to eat?　　你想吃点什么呢?
Nǐ xiǎng chī diǎn shénme ne?

Do you want to eat...?　　你想吃……?
Nǐ xiǎng chī……?

It's important to have breakfast　　吃早餐很重要哦。
Chī zǎocān hěn zhòngyào ó.

Please eat up.　　拜托赶紧吃。
Bàituō gǎnjǐn chī.

Have you had enough?　　你吃饱了吗?
Nǐ chī bǎole ma?

Would you like some more?　　你要再来点吗?
Nǐ yào zàilái diǎn ma?

Well done! You ate it all!	好棒噢！你都吃完了呢！	
	Hǎo bàng ō! Nǐ dōu chī wánle ne!	
Okay time to get washed and dressed.	好了，是时候去洗漱和穿衣服了。	
	Hǎole, shì shíhòu qù xǐshù hé chuān yīfúle.	

Vocabulary 词汇 Cíhuì

Cereal	麦片	Mài piàn
Toast	吐司	Tǔ sī
Jam	果酱	Guǒ jiàng
Peanut butter	花生酱	Huā shēng jiàng
Marmalade	柑橘酱	Gānjú jiàng
Marmite	马麦酱	Mǎ mài jiàng
Eggs	鸡蛋	Jīdàn
Scrambled eggs	炒蛋	Chǎo dàn
Fried eggs	炸蛋	Zhà dàn
Boiled eggs	水煮蛋	Shuǐ zhǔ dàn
Poached eggs	水煮荷包蛋	Shuǐ zhǔ hé bāo dàn
Porridge	糊	Hú
Congee	粥	Zhōu
Fruit	水果	Shuǐ guǒ

4. BRUSHING TEETH
刷牙
SHUĀ YÁ

Did you brush your teeth?

刷牙了吗?

Shuāyále ma?

Brush your teeth.

刷刷你的牙齿。

Shuā shuā nǐ de yáchǐ.

Let mummy / daddy brush your teeth.

让妈妈/爸爸 帮你刷牙。

Ràng māmā/bàba bāng nǐ shuā yá.

Open your mouth please.

请张开嘴巴。

Qǐng zhāng kāi zuǐbā.

I'll help you brush your teeth.

我帮你刷牙。

Wǒ bāng nǐ shuāyá.

Put some toothpaste on the brush.

挤一点牙膏在牙刷上。

Jǐ yīdiǎn yá gāo zài yá shuā shàng.

Don't squirt too much toothpaste.

不要挤太多牙膏。

Bùyào jǐ tài duō yá gāo.

Make sure you brush properly.	你一定要好好刷牙。	
	Nǐ yī dìng yào hǎohǎo shuā yá.	

Spit the water.	把水吐了。	
	Bǎ shuǐ tǔle.	

Remember to floss.	记得用牙线。	
	Jìdé yòng yá xiàn.	

Well done!	做得真棒!	
	Zuò dé zhēn bàng!	

Vocabulary 词汇 Cíhuì

Toothbrush	牙刷	Yá shuā
Toothpaste	牙膏	Yá gāo
Mouthwash	漱口水	Shù kǒu shuǐ
Electric toothbrush	电动牙刷	Diàn dòng yá shuā
Braces	牙套	Yá tào
Teeth	牙	Yá
Cavity	蛀牙	Zhù yá
Floss	牙线	Yá xiàn

5. GETTING WASHED
洗漱
XǏ SHÙ

Wash your face.　洗洗你的脸。
Xǐ xǐ nǐ de liǎn.

You have sleep in your eye.　你眼睛有眼屎。
Nǐ yǎnjīng yǒu yǎnshǐ.

You have a bogie, blow your nose in a tissue.　你有鼻涕，用纸巾擤鼻涕。
Nǐ yǒu bítì, yòng zhǐjīn xǐng bítì.

Wash your face with a flannel.　用毛巾洗脸。
Yòng máojīn xǐ liǎn.

Roll your sleeves up.　把袖子卷起来。
Bǎ xiù zi juǎn qǐ lái.

Wash your hands with soap.　用肥皂洗手。
Yòng féi zào xǐ shǒu.

Rub your hands properly.　好好搓搓手。
Hǎo hǎo cuō cuō shǒu.

Rinse all the soap off.　把所有的肥皂都冲洗掉。
Bǎ suǒ yǒu de féi zào dōu chōng xǐ diào.

Do you need any help?	你需要帮忙吗?	
	Nǐ xū yào bāng máng ma?	
Is the water too (hot/ cold?)	水是不是太热/凉了?	
	Shuǐ shì bù shì tài rè/liáng le?	
Don't mess about!	不许胡闹!	
	Bù xǔ hú nào!	
Dry your hands with a towel.	用毛巾把手擦干。	
	Yòng máo jīn bǎ shǒu cā gān.	
All clean!	全部都洗干净了!	
	Quán bù dōu xǐ gān jìng le!	
Let's get dressed.	让我们来把衣服穿好。	
	Ràng wǒ men lái bǎ yī fú chuān hǎo.	

Vocabulary 词汇 Cíhuì

Bogie	鼻屎	Bí shǐ
Eye boogers / sleep	眼屎	Yǎn shǐ
Tissue	纸巾	Zhǐ jīn
Flannel	绒布	Róng bù
Hand	手	Shǒu
Eyes	眼睛	Yǎn jīng
Face	脸	Liǎn
Soap	肥皂	Féi zào
Tap	水龙头	Shuǐ lóng tóu
Towel	毛巾	Máo jīn

6. GETTING DRESSED
穿衣服
CHUĀN YĪ FÚ

What do you want to wear?	你今天想穿什么呀？ Nǐ jīn tiān xiǎng chuān shénme y
Do you want this one or this one?	你想穿这件还是这件啊？ Nǐ xiǎng chuān zhè jiàn hái shì zhè jiàn a?
Can you choose something else?	你可以选别的吗？ Nǐ kěyǐ xuǎn bié de ma?
You'll be too (cold/hot) wearing that.	你穿那件衣服的话会很冷/热哦。 Nǐ chuān nà jiàn yī fú de huà huì hěn (lěng/rè) ó.
This is too (small / big).	这件太(小/大)了。 Zhè jiàn tài (xiǎo/dà) le.
How about this?	这件怎么样啊？ Zhè jiàn zěn me yàng a?
Let me put this on for you.	让我帮你穿上。 Ràng wǒ bāng nǐ chuān shàng.
Lift your arms.	把手举起来。 Bǎ shǒu jǔ qǐ lái.

| Put your arms through here. | 把你的手臂从这里伸过来。 |
| | Bǎ nǐ de shǒu bì cóng zhè lǐ shēn guò lái. |

| Stand up. | 站起来。 |
| | Zhàn qǐ lái. |

| Let me pull this up/down. | 让我把这里拉起来/拉下去。 |
| | Ràng wǒ bǎ zhè lǐ lā qǐ lái/lā xià qù. |

| Stay still please! | 拜托不要动来动去。 |
| | Bàituō bùyào dòng lái dòng qù. |

| Do you need any help? | 你需要帮忙吗? |
| | Nǐ xūyào bāng máng ma? |

| That looks great! | 看起来太棒了! |
| | Kàn qǐlái tài bàng le! |

| Please hurry up! | 拜托赶紧的! |
| | Bàituō gǎnjǐn de! |

| Put your shoes on. | 把鞋穿上。 |
| | Bǎ xié chuān shàng. |

| Give me your left/right foot. | 把你的左脚/右脚给我。 |
| | Bǎ nǐ de zuǒ jiǎo/yòu jiǎo gěi wǒ. |

| You've got your shoes on the wrong feet! | 你把鞋穿反啦! |
| | Nǐ bǎ xié chuān fǎn la! |

Do you want me to help with the shoelaces?

要我帮你系鞋带吗?

Yào wǒ bāng nǐ xì xié dài ma?

Vocabulary 词汇 Cíhuì

Clothes	衣服	Yī fú
T Shirt	T袖	T xù
Shirt	衬衫	Chèn shān
Sweater	毛线衣	Máo xiàn yī
Vest	背心	Bèi xīn
Underpants	内裤	Nèi kù
Skirt	短裙	Duǎn qún
Shorts	短裤	Duǎn kù
Trousers	裤子	Kù zi
Jeans	牛仔裤	Niú zǎi kù
Coat	大衣	Dà yī
Rain coat	雨衣	Yǔ yī
Jacket	夹克	Jiá kè
Socks	袜子	Wà zi
Tights	丝袜	Sī wà
Sandles	凉鞋	Liáng xié
Slippers	拖鞋	Tuō xié
Shoes	鞋子	Xié zi
Glasses	眼镜	Yǎn jìng

HEALTH & PERSONAL CARE

7. CHANGING NAPPY
换尿布
H U À N   N I À O   B Ù

Change a nappy

换尿布。
huàn niào bù

Let me smell.

让我闻一闻。
Ràng wǒ wén yī wén.

Let me check your nappy.

让我检查一下你的尿布。
Ràng wǒ jiǎnchá yīxià nǐ de niàobù.

Wow! We need to change your nappy!

哇!我们得给你换尿布!
Wa! Wǒmen dé gěi nǐ huàn niàobù!

Your nappy is dry.

你的尿布是干的。
Nǐ de niàobù shì gàn de.

Your nappy is wet.

你的尿布湿了。
Nǐ de niàobù shīle.

Pass me the wet wipes.

麻烦把湿纸巾递给我。
Máfan bǎ shī zhǐjīn dì gěi wǒ.

Let's clean your bum!

让我们来把你的小屁屁擦干净!
Ràng wǒmen lái bǎ nǐ de xiǎo pì pì cā gānjìng!

Lie down.	躺下。	
	Tăng xià.	
Keep still please!	拜托不要动来动去！	
	Bàituō bùyào dòng lái dòng qù!	
Don't touch that, it's dirty.	别碰那个，很脏的。	
	Bié pèng nàgè, hěn zāng de	
All done!	搞定了！	
	Găo dìng le!	
We're running low on nappies.	我们的尿布快用完了。	
	Wŏmen de niàobù kuài yòng wánle.	
Are there any baby changing facilities here?	请问这里有没有育婴室？	
	Qǐngwèn zhè li yǒu méiyǒu yù yīng shì?	
Where are the nearest baby changing room?	请问这里最近的育婴室在哪？	
	Qǐngwèn zhè lǐ zuìjìn de yù yīng shì zài nǎ?	

Vocabulary 词汇 Cíhuì

Nappy	尿布	Niàobù
Wet wipes	湿纸巾	Shī zhǐjīn
Nappy cream	护臀霜	Hù tún shuāng
Changing mat	换片垫	Huàn piàn diàn
Nappy rash	尿疹	Niào zhěn
Changing bag	尿布袋	Niào bùdài

8. POTTY TRAINING
如厕训练
RÚ CÈ XÙNLIÀN

We're using the potty because you're a big (girl/boy) now.	我们用小马桶是因为你现在是个(大女孩/大男孩)了。 Wǒmen yòng xiǎo mǎ tǒng shì yīnwèi nǐ xiànzài shìgè dà nǚhái/dà nánháile.
Do you need to go on the potty?	你需要上厕所吗？ Nǐ xūyào shàng cèsuǒ ma?
Do you need a wee or a poo?	你要小便还是大便？ Nǐ yào xiǎobiàn háishì dàbiàn?
Stay on the potty till you're done.	待在小马桶上，直到小便或是大便完了为止。 Dài zài xiǎo mǎ tǒng, zhídào xiǎobiàn huò shì dàbiàn wánliǎo wéizhǐ.
Well done you did a wee/poo!	太棒了，你尿尿/便便完了！ Tài bàngle, nǐ niào niào/piánpián wánliǎo!
Let me wipe your bottom.	让我来给你擦屁股。 Ràng wǒ lái gěi nǐ cā pìgu.
Flush the toilet.	冲厕所。 Chōng cèsuǒ.

9. GOING TO THE TOILET
上厕所
SHÀNG CÈSUǑ

Do you need the toilet?.

你需要上厕所吗?

Nǐ xūyào shàng cèsuǒ ma?

Please go now before we go out.

请现在先上厕所我们再出门

Qǐng xiàn zài xiān shàng cèsuǒ wǒ mén zài chū mén

Can you hold it?

你忍得住吗?

Nǐ rěn dé zhù ma?

We need to find a toilet.

我们得找个厕所。

Wǒmen dé zhǎo gè cèsuǒ.

Toilet is occupied.

卫生间使用中。

Wèishēngjiān shǐyòng zhōng.

Do you need me to wipe you?

要我帮你擦干净吗?

Yào wǒ bāng nǐ cā gānjìng ma?

You can do it all by yourself! Well done!

你可以自己完成的!做得真棒!

Nǐ kěyǐ zìjǐ wánchéng de! Zuò dé zhēn bàng!

Remember to flush the toilet.	记得冲厕所哦。	
	Jìdé chōng cèsuǒ ó.	
Wash your hands well.	把你的手好好洗一洗。	
	Bǎ nǐ de shǒu hào hǎo xǐ yī xǐ.	
Dry your hands.	把手擦干。	
	Bǎshǒu cā gān.	

Vocabulary 词汇 Cíhuì

Potty	便盆	Biàn pén
Toilet	厕所	Cèsuǒ
Toilet paper	卫生纸	Wèishēngzhǐ
Tissue	纸巾	Zhǐjīn
Seat reducer	儿童坐便垫圈	Értóng zuò biàn diànquān
Toilet seat	马桶座圈	Mǎtǒng zuò quān
Hand dryer	干手器	Gàn shǒu qì
Flush toilet	抽水马桶	Chōu shuǐ mǎtǒng
Soap	肥皂	Féizào

10. BATH TIME
洗澡时间
XǏZǍO SHÍJIĀN

It's bath time!
洗澡时间到了!
Xǐzǎo shíjiān dàole!

Let's get you undressed.
让我帮你把衣服脱了。
Ràng wǒ bāng nǐ bǎ yīfú tuōle.

Get in the bathtub.
到浴缸里去。
Dào yùgāng lǐ qù.

Is it too hot?
水会太热吗?
Shuǐ huì tài rè ma?

Look at the bubbles!
看这些泡泡!
Kàn zhèxiē pào pào!

Don't splash!
不要泼水!
Bùyào pō shuǐ!

Let me wash you.
我来帮你洗。
Wǒ lái bāng nǐ xǐ.

Let me wash your hair.
让我帮你洗头。
Ràng wǒ bāng nǐ xǐ tóu.

Let's rinse the bubbles off.
让我们把泡沫冲洗掉。
Ràng wǒmen bǎ pàomò chōngxǐ diào.

Are you ready to get out?	你准备好出去了吗？ Nǐ zhǔnbèi hào chūqùle ma?
Okay, another 5 minutes.	好的，再洗5分钟。 Hǎo de, zài xǐ wǔ fēnzhōng.
Time to get out.	该出来了。 Gāi chūláile.
Comb your hair.	梳头。 Shūtóu.
Put your pyjamas on please.	请穿上睡衣。 Qǐng chuān shàng shuìyī.
Get ready for bed.	准备睡觉了哦。 Zhǔnbèi shuìjiàole ó.

Cutting nails 剪指甲 Jiǎn zhǐjiǎ

Wow! Your nails are long!	哇!你的指甲好长啊! Wa! Nǐ de zhǐjiǎ hǎo zhǎng a!
Don't worry, I won't hurt you.	别担心，我不会伤害你的。 Bié dānxīn, wǒ bù huì shānghài nǐ de.
See, it didn't hurt at all!	瞧，一点也不疼的! Qiáo, yīdiǎn yě bù téng de!

Brushing hair 梳头发 Shū tóufǎ

Your hair needs brushing.	你的头发需要梳理了。 Nǐ de tóufǎ xūyào shūlǐle.
Let me brush your hair.	让我给你梳梳头。 Ràng wǒ gěi nǐ shū shūtóu.
Stay still.	别动。 Bié dòng.
Do you want me to put your hair up in a ponytail?	你想要我把你的头发扎成马尾吗? Nǐ xiǎng yào wǒ bǎ nǐ de tóufǎ zhā chéng mǎwěi ma?

Vocabulary 词汇 Cíhuì

Take a bath	洗澡	Xǐzǎo
Bath tub	浴缸	Yùgāng
Shower	淋浴	Línyù
Shampoo	洗发水	Xǐ fǎ shuǐ
Soap	肥皂	Féizào
Towel	毛巾	Máojīn
Comb	梳子	Shūzi
Hair clip	发夹	Fà jiā
Nail clippers	指甲刀	Zhǐjiǎ dāo

11. FEELING UNWELL
不舒服
BÙSHŪ FU

Oh dear, you don't look well!

哦，亲爱的，你脸色不太好!
Ó, qīn'ài de, nǐ liǎnsè bù tài hǎo!

Tell me what's wrong?

告诉我你怎么了？
Gàosù wǒ nǐ zěnmele?

Where does it hurt?

你哪儿疼啊？
Nǐ nǎ'er téng a?

You have a fever.

你发烧了。
Nǐ fāshāole.

You have a cold.

你感冒了。
Nǐ gǎnmàole.

You need some medicine.

你需要吃点药。
Nǐ xūyào chī diǎn yào.

Drink plenty of water.

多喝点水。
Duō hē diǎn shuǐ.

Have some rest.

休息一下。
Xiūxí yīxià.

Do you want a cuddle?　你想要抱抱吗?

Nǐ xiǎng yào bào bào ma?

Are you feeling better?　你感觉好点了吗?

Nǐ gǎnjué hǎo diǎnle ma?

Vocabulary 词汇 Cíhuì

Tummy ache	肚子疼	Dùzi téng
Headache	头疼	Tóuténg
Toothache	牙痛	Yátòng
Runny nose	流鼻涕	Liú bítì
Blocked nose	鼻塞	Bísè
Sore throat	喉咙痛	Hóulóng tòng
Cough	咳嗽	Késòu
Fever	发烧	Fāshāo
Cold	感冒	Gǎnmào
Chicken pox	水痘	Shuǐdòu
Band aid	创可贴	Chuàngkětiē

12. THE BODY
身体
SHĒNTǏ

We feel with our hands.

我们用手摸东西。

Wǒmen yòng shǒu mō dōngxī.

We smell with our nose.

我们用鼻子闻东西。

Wǒmen yòng bízi wén dōngxī.

We look with our eyes.

我们用眼睛看东西 。

Wǒmen yòng yǎnjīng kàn dōngxī.

We hear with our ears.

我们用耳朵听东西 。

Wǒmen yòng ěrduǒ tīng dōngxī.

We taste with our tongue.

我们用舌头品尝。

Wǒmen yòng shétou pǐncháng.

Vocabulary 词汇 Cíhuì

Arm	胳膊	Gēbó
Back	背	Bèi
Chest	胸口	Xiōngkǒu
Chin	下巴	Xiàbā
Ear	耳朵	Ěrduǒ
Eye	眼睛	Yǎnjīng
Eyelid	眼皮	Yǎnpí

Face	脸	Liǎn
Feet	脚	Jiǎo
Fingers	手指	Shǒuzhǐ
Finger nail	指甲	Zhǐjiǎ
Hair	头发	Tóufǎ
Hand	手	Shǒu
Head	頭	Tóu
Heart	心	Xīn
Leg	腿	Tuǐ
Lips	嘴唇	Zuǐchún
Mouth	口	Kǒu
Neck	颈	Jǐng
Nose	鼻子	Bízi
Shoulder	肩膀	Jiānbǎng
Teeth	牙	Yá
Tongue	舌	Shé

DAILY ACTIVITIES

13.WHAT SHALL WE DO TODAY?
今天做些什么?
JĪNTIĀN ZUÒ XIĒ SHÉNME?

What do you want to do today?

你今天想做点什么呢?
Nǐ jīntiān xiǎng zuò diǎn shénme ne?

The weather is nice, let's go out!

天气这么好，我们出去吧!
Tiānqì zhème hǎo, wǒmen chūqù ba!

Let's go for a walk.

我们去散步吧。
Wǒmen qù sànbù ba.

Let's go to the ...

我们去……
Wǒmen qù……

Let's have a picnic.

我们去野餐吧。
Wǒmen qù yěcān ba.

The weather is bad, let's stay in.

今天天气不太好，我们就待在家里。
Jīntiān tiānqì bù tài hǎo, wǒmen jiù dài zài jiālǐ.

Are you feeling tired?

你觉得累了吗?
Nǐ juédé lèile ma?

Would you rather stay here today?	你今天会想待在这儿吗？ Nǐ jīntiān huì xiǎng dài zài zhè'er ma?	

Mummy/ daddy is going to work now.	妈妈/爸爸现在要去上班了。 Māmā/bàba xiànzài yào qù shàngbānle.

Give them a kiss please.	亲亲他们。 Qīn qīn tāmen.

Have a good day.	祝你有美好的一天。 Zhù nǐ yǒu měihǎo de yītiān.

Vocabulary 词汇 Cíhuì

Walk	散步	Sànbù
Stroller	婴儿车	Yīng'ér chē
Park	公园	Gōngyuán
Swimming pool	游泳池	Yóuyǒngchí
Library	图书馆	Túshū guǎn
Indoor soft play	儿童游乐场	Értóng yóulè chǎng
Zoo	动物园	Dòngwù yuán
Cinema	电影	Diànyǐng

14. THE WEATHER
天气
TIĀNQÌ

What's the weather like today? 今天天气怎么样?
Jīntiān tiānqì zěnme yàng?

It's... 它是...
Tā shì...

Today the weather is nice. 今天天气不错。
Jīntiān tiānqì bùcuò.

It's so cold! 天气好冷啊!
Tiānqì hǎo lěng a!

It's so hot! 天气好热啊!
Tiānqì hǎo rè a!

You need to drink plenty of water. 你得多喝水哦。
Nǐ dé duō hē shuǐ ó.

You need to put a hat on. 你得戴上帽子。
Nǐ dé dài shàng màozi.

It's too (cold/hot), come inside! 太(冷/热)了，进来吧!
Tài (lěng/rè) le, jìnlái ba!

Vocabulary 词汇 Cíhuì

Sunny	晴天	Qíngtiān
Windy	风大的	Fēng dà de
Hot	热	Rè
Cold	冷	Lěng
Warm	暖	Nuǎn
Foggy	有雾的	Yǒu wù de
Cloudy	多云的	Duōyún de
Thunder and lightning	电闪雷鸣	Diàn shǎn léimíng
Snowing	下雪了	Xià xuěle
Storm	风暴	Fēngbào
Spring	春天	Chūntiān
Summer	夏天	Xiàtiān
Autumn	秋天	Qiūtiān
Winter	冬天	Dōngtiān

15. IN THE CAR
在车里
ZÀI CHĒ LǏ

Time to go.

该是时候出发了。

Gāi shì shíhòu chūfāle.

Let's get in the car.

我们上车吧。

Wǒmen shàng chē ba.

Let me fasten your seatbelt.

让我帮你系好安全带。

Ràng wǒ bāng nǐ xì hǎo ānquán dài.

Please stay still.

拜托不要动来动去。

Bàituō bùyào dòng lái dòng qù.

Put on your seatbelt.

系上安全带。

Xì shàng ānquán dài.

Do you want to listen to some music?

你想听音乐吗?

Nǐ xiǎng tīng yīnyuè ma?

We're almost there.

我们快到了。

Wǒmen kuài dàole.

I can't help you right now, I'm driving!	我现在帮不了你，我在开车呢!	
	Wǒ xiànzài bāng bùliǎo nǐ, wǒ zài kāichē ne!	

Sit still.	好好坐着。
	Hǎohǎo zuòzhe.

Do you feel sick?	你不舒服吗?
	Nǐ bú shūfú ma?

Do you want me to open the window?	你要我把窗户打开吗?
	Nǐ yào wǒ bǎ chuānghù dǎkāi ma?

Are you too (hot/cold)?	你感觉太(热/冷)了吗?
	Nǐ gǎnjué tài (rè/lěng) le ma?

Stop messing around!	别胡闹了!
	Bié húnàole!

Vocabulary 词汇 Cíhuì

Car	汽车	Qìchē
Baby car seat	婴儿安全座椅	Yīng'ér ānquán zuò
Seat belt	安全带	Ānquán dài
Radio	无线电	Wúxiàndiàn
Motion sickness	晕车	Yùnchē

16. VISITING FRIENDS
拜访朋友
BÀIFǍNG PÉNGYǑU

Do you want to play with your friend?

你想和你的朋友一起玩吗?

Nǐ xiǎng hé nǐ de péngyǒu yīqǐ wán ma?

What do you want to play?

你想玩什么呢?

Nǐ xiǎng wán shénme ne?

Does your friend want to play with this?

你的朋友想玩这个吗?

Nǐ de péngyǒu xiǎng wán zhège ma?

Remember to share.

记得要分享哦。

Jìdé yào fēnxiǎng ó.

Take it in turns.

轮流玩。

Lúnliú wán.

Give it back to him/her.

把它还给他/她。

Bǎ tā hái gěi tā/tā.

Play nicely.

好好玩。

Hǎo hǎo wán

Isn't it fun?	这不是很有趣吗?	
	Zhè bùshì hěn yǒuqù ma?	
Who is your best friend?	谁是你最好的朋友?	
	Shéi shì nǐ zuì hǎo de péngyǒu?	

Vocabulary 词汇 Cíhuì

Friend	朋友	Péngyǒu
Best friend	最好的朋友	Zuì hǎo de péngyǒu

17. SCHOOL
学校
XUÉXIÀO

Have you got your school bag packed?
你的书包收拾好了吗?
Nǐ de shūbāo shōushí hǎole ma?

Have you got your P.E. kit / gym bag?
你有带你的体育用具/运动包吗?
Nǐ yǒu dài nǐ de tǐyù yòngjù/ yùndòng bāo ma?

Have you done your homework?
你做完作业了吗?
Nǐ zuò wán zuòyèle ma?

Do you need any help?
你需要帮忙吗?
Nǐ xūyào bāngmáng ma?

Hurry up or you will miss the bus!
赶紧的,否则你就赶不上公交车了!
Gǎnjǐn de, fǒuzé nǐ jiù gǎnbushàng gōngjiāo chēle.

Do you need a lift to school?
你需要搭车去学校吗?
Nǐ xūyào dāchē qù xuéxiào ma?

Are there any messages from your teacher?
你的老师有什么信息要你带回来的吗?
Nǐ de lǎoshī yǒu shé me xìnxī yào nǐ dài huílái de ma?

How was school today? 今天在学校过得怎么样啊?

Jīntiān zài xuéxiàoguò dé zěnme yàng a?

What did you have for lunch? 午餐吃什么了?

Wǔcān chī shénmele?

Vocabulary 词汇 Cíhuì

School	学校	Xuéxiào
School bag	书包	Shūbāo
Pencil case	铅笔盒	Qiānbǐ hé
School uniform	校服	Xiàofú
Homework	功课	Gōngkè
Teacher	老师	Lǎoshī
Headteacher/ principal	校長	Xiàozhǎng
Classroom	课堂	Kètáng

18. HOUSEWORK
家务
JIĀWÙ

Sweep the floor.	扫地。 Sǎodì.
It's so dusty!	好多尘! Hǎoduō chén!
Mop the floor.	擦地板。 Cā dìbǎn.
Do the dishes.	洗碗。 Xǐ wǎn.
Clear the table.	清洁桌子。 Qīngjié zhuōzi.
Tidy up.	整理。 Zhěnglǐ.
Make the bed.	铺床。 Pūchuáng.
Tidy up the house.	整理房子。 Zhěnglǐ fángzi.

Put that in the bin.　把它扔进垃圾桶。

Bǎ tā rēng jìn lā jī tǒng.

Take out the rubbish.　把垃圾带出去。

Bǎ lā jī dài chūqù.

Can you help me?　你能帮我吗?

Nǐ néng bāng wǒ ma?

Vocabulary 词汇 Cíhuì

Rubbish	垃圾	Lā jī
Bin	垃圾桶	Lā jī tǒng
Tidy up	整理	Zhěnglǐ
Wash	洗	Xǐ
Sweep	扫	Sǎo

EARLY LEARNING & PLAY

19. EARLY LEARNING
启蒙学习
QǏ MÉNG XUÉXÍ

Numbers 数字 Shùzì

Let's count to 10 in Chinese.	让我们用中文从一数到十。 Ràng wǒmen yòng zhōngwén cóng yī shǔ dào shí.
Repeat after me.	跟着我重复。 Gēnzhe wǒ chóngfù.
What number is this?	这是几啊？ Zhè shì jǐ a?
Correct!	正确！ Zhèngquè!
Try again.	再来一次。 Zàilái yīcì.
Can you count to 10?	你能数到十吗？ Nǐ néng shù dào shí ma?
How many can you see?	看看你能数到几？ Kàn kàn nǐ néng shǔ dào jǐ?

0	零	Líng
1	一	Yī
2	二	Èr
3	三	Sān
4	四	Sì
5	五	Wǔ
6	六	Liù
7	七	Qī
8	八	Bā
9	九	Jiǔ
10	十	Shí
21	二十一	Èr shí yī
100	一百	Yī bǎi
1000	一千	Yī qiān

First	第一	Dì yī
Second	第二	Dì èr
Third	第三	Dì sān
Fourth	第四	Dì sì

Once	一次	Yīcì
Twice	两次	Liǎng cì
Three times	三次	Sān cì

Colours 颜色 Yánsè

Let's learn colours!	让我们来学习颜色吧！ Ràng wǒmen lái xuéxí yánsè ba!
What colour is this?	这是什么颜色？ Zhè shì shénme yánsè?
What is your favourite colour?	你最喜欢的颜色是什么？ Nǐ zuì xǐhuān de yánsè shì shénme
Colour this picture in.	把这幅画涂上颜色。 Bǎ zhè fú huà tú shàng yánsè.
Find something that is red.	找一些红色的东西。 Zhǎo yīxiē hóngsè de dōngxī.

Red	红色	Hóngsè
Orange	橙色	Chéngsè
Yellow	黄色	Huángsè
Green	绿色	Lǜsè
Blue	蓝色	Lánsè
Purple	紫色	Zǐsè
Pink	粉色	Fěnsè
White	白色	Báisè
Gray	灰色	Huīsè
Black	黑色	Hēisè

Shapes 形状 Xíngzhuàng

Let's learn shapes!	让我们来学习形状吧!
	Ràng wǒmen lái xuéxí xíng zhuàng ba!
What shape is this?	这是什么形状?
	Zhè shì shénme xíng zhuàng?
How many sides does it have?	它有几个面?
	Tā yǒu jǐ gè miàn?
Can you draw it?	你能把它画出来吗?
	Nǐ néng bǎ tā huà chūlái ma?

Circle	圆形	Yuán xíng
Triangle	三角形	Sānjiǎo xíng
Square	正方形	Zhèngfāng xíng
Rectangle	长方形	Chángfāng xíng
Pentagon	五角形	Wǔjiǎo xíng
Hexagon	六边形	Liù biān xíng
Oval	椭圆形	Tuǒyuán xíng
Cube	立方体	Lìfāng tǐ
Sphere	球体	Qiú tǐ
Cylinder	圆筒	Yuán tǒng

What is this?	这是什么呀?	
	Zhè shì shénme ya?	
What does it taste like?	它是什么味道的?	
	Tā shì shénme wèidào de?	
Is it sweet?	它是甜的吗?	
	Tā shì tián de ma?	
Is it sour?	它是酸的吗?	
	Tā shì suān de ma?	
Do you like them?	你喜欢它们吗?	
	Nǐ xǐhuān tāmen ma?	

Apple	苹果	Píngguǒ
Banana	香蕉	Xiāngjiāo
Carrot	胡萝卜	Húluóbo
Cucumber	黄瓜	Huángguā
Grapes	葡萄	Pútáo
Lemon	檸檬	Níngméng
Lettuce	生菜	Shēngcài
Orange	橙子	Chéngzi
Pear	梨	Lí
Pineapple	菠萝	Bōluó
Potato	土豆	Tǔdòu
Strawberry	草莓	Cǎoméi

Animals 动物 Dòngwù

What animal is this? 这是什么动物啊?

Zhè shì shénme dòngwù a?

What noise does it make? 它发出什么样的声音?

Tā fāchū shénme yàng de shēngyīn?

Where does it live? 它在哪里生活的?

Tā zài nǎlǐ shēnghuó de?

What does it eat? 它吃什么呢?

Tā chī shénme ne?

Can you draw a rabbit? 你会画兔子吗?

Nǐ huì huà tùzǐ ma?

Cat	猫	Māo
Dog	狗	Gǒu
Fish	鱼	Yú
Rabbit	兔子	Tùzǐ
Hamster	仓鼠	Cāngshǔ
Cow	牛	Niú
Horse	马	Mǎ
Sheep	羊	Yáng
Chicken	鸡	Jī
Pig	猪	Zhū

20. PLAYING WITH TOYS
玩玩具
WÁN WÁNJÙ

Building blocks 积木 Jīmù

What do you want to play?
你想玩什么呀?
Nǐ xiǎng wán shénme ya?

Let's build a house.
让我们来建造一座房子。
Ràng wǒmen lái jiànzào yīzuò fáng

Can you put this here?
你能把这个放到这儿吗?
Nǐ néng bǎ zhège fàng dào zhè'er
ma?

Let's stack the bricks.
让我们来把积木搭起来。
Ràng wǒmen lái bǎ jīmù dā qǐlái.

Oh no! It fell over!
噢,不!它掉下来了!
Ō, bù! Tā diào xiàláile!

Can you find a (red) brick?
你能找到一块(红色的)积木吗?
Nǐ néng zhǎodào yīkuài (hóngsè
de) jīmù ma?

What are you making?
你在做什么呢?
Nǐ zài zuò shénme ne?

That's really cool!
实在是太酷了!
Shízài shì tài kùle!

Puzzles 拼图 Pīntú

Where does that piece go?

那块去哪了?

Nà kuài qù nǎle?

Does that fit?

那块拼在那里对吗?

Nà kuài pīn zài nàlǐ duì ma?

I don't think it fits.

我觉得不对。

Wǒ juédé bù duì

Try again.

再试一次。

Zài shì yīcì.

Yes, you've got it!

你做到了!/你成功了!

Nǐ zuò dàole!/Nǐ chénggōngle!

Drawing 画画 Huà huà

Let's draw with crayons.

让我们用蜡笔。

Ràng wǒmen yòng làbǐ.

What are you drawing?

你在画什么呀?

Nǐ zài huà shénme ya?

Don't draw on the wall!

不要画在墙上!

Bùyào huà zài qiáng shàng!

Wow! That's great!

哇太棒了!

Wa tài bàngle!

Play dough 玩橡皮泥 Wán xiàngpí ní

Roll the play dough.　卷橡皮泥玩
Juǎn xiàng pí ní wán

Cut it.　切它。
Qiè tā.

Squash it.　压扁它。
Yā biǎn tā.

What are you making?　你在做什么呢?
Nǐ zài zuò shénme ne?

Painting 画画 Huàìhuà

What are you painting?　你在画什么呀?
Nǐ zài huà shénme ya?

Try not to be too messy!　尽量不要弄得太乱了哦!
Jǐnliàng bùyào nòng dé tài luànle

What happens when you mix the colours?　当你把颜色混合在一起时会怎么样啊?
Dāng nǐ bǎ yánsè hùnhé zài yīqǐ shí huì zěnme yàng a?

Let it dry.　让它风干。
Ràng tā fēnggān.

Let's play together.	让我们一起玩吧。	
	Ràng wǒmen yīqǐ wán ba.	
Wait your turn.	等轮到你。	
	Děng lún dào nǐ.	
Good idea!	好主意!	
	Hǎo zhǔyì!	
Please share.	要分享哦。	
	Yào fēnxiǎng ó.	
This is fun!	这真好玩儿!	
	Zhè zhēn hǎowán er!	
It's time to tidy up.	是时候该收拾一下了。	
	Shì shíhòu gāi shōushí yīxiàle.	

Vocabulary 词汇 Cíhuì

Toy blocks	积木	Jīmù
Colouring book	涂色书	Tú sè shū
Colouring pencils	彩色铅笔	Cǎisè qiānbǐ
Felt tip pens	毡尖笔	Zhān jiān bǐ
Paint brush	画笔	Huàbǐ
Paint	画	Huà
Toy toy train	玩具火车	Wánjù huǒchē
Skipping rope	跳绳	Tiàoshéng
Stuffed toy	毛绒玩具	Máo róng wánjù
Toy box	玩具盒	Wánjù hé

21. READING TOGETHER
一起阅读
YĪQǏ YUÈDÚ

Let's read a book together.

让我们一起来读书吧。
Ràng wǒmen yī qǐlái dúshū ba.

Pick a book you want to read.

选择一本你想读的书。
Xuǎnzé yī běn nǐ xiǎng dú de shū.

How about this one?

这本怎么样?
Zhè běn zěnme yàng?

Do you want me to read to you?

要我念给你听吗?
Yào wǒ niàn gěi nǐ tīng ma?

Let's snuggle up and read.

我们靠在一起读吧。
Wǒmen kào zài yīqǐ dú ba.

Did you enjoy it?

你喜欢吗?
Nǐ xǐhuān ma?

That was a good book.

那是一本好书。
Nà shì yī běn hǎo shū.

Ok, just one more book.

好吧，再看一本。
Hǎo ba, zài kàn yī běn.

That's enough for today, it's bedtime now.

今天就到这里, 该睡觉了哦。
Jīntiān jiù dào zhèlǐ, gāi shuìjiàole

22. AT THE PARK
在公园
ZÀI GŌNGYUÁN

Let's go to the park.

我们去公园吧。

Wǒmen qù gōngyuán ba.

Let's feed the ducks.

我们去喂鸭子吧。

Wǒmen qù wèi yāzi ba.

What ride do you want to go on?

你想骑哪个呀？

Nǐ xiǎng qí nǎge ya?

Careful!

小心!

Xiǎoxīn!

Don't run!

不要乱跑!

Bùyào luàn pǎo!

Look where you're going!

注意看你要去的地方!

Zhùyì kàn nǐ yào qù dì dìfāng!

Wait your turn.

等着轮到你。

Děngzhe lún dào nǐ.

Let them have a go.

让他们试一试。

Ràng tāmen shì yī shì.

It's time to go home.

该回家了。

Gāi huí jiāle.

Slide 滑滑梯 Huá huátī

Careful on the steps.　　小心台阶哦。
Xiǎoxīn táijiē ó.

Slide down!　　滑下来!
Huá xià lái!

Don't climb up the slide!　　不要在滑梯上爬哦!
Bùyào zài huátī shàng pá ó!

Wait for the other kid to move.　　等别的小朋友先滑下来。
Děng bié de xiǎopéngyǒu xiān huá xià lái.

Climbing frame 攀爬架 Pānpá jià

Climb one step at a time.　　一步一步爬。
Yībù yībù pá.

Hold on!　　抓紧了!
Zhuā jǐn le!

Wow you're really high!　　哇，你爬得好高啊!
Wa, nǐ pá dé hào gāo a!

Do you need any help?　　你需要帮忙吗?
Nǐ xūyào bāngmáng ma?

You're too high, come down.　　你爬得太高了，下来吧。
Nǐ pá dé tài gāole, xià lái ba.

Sand pit 沙池 Shā chí

Let's play in the sand!

让我们在沙池里玩吧!

Ràng wǒmen zài shā chí lǐ wán ba!

Don't eat it.

不要吃它。

Bùyào chī tā.

Don't throw sand.

别乱撒。

Bié luàn sā.

Let's build a sandcastle.

让我们来建造一个沙堡吧。

Ràng wǒmen lái jiànzào yīgè shā bǎo ba.

Put the sand in the bucket.

把沙子放进桶里。

Bǎ shāzi fàng jìn tǒng lǐ.

Tip it over.

把它翻过来。

Bǎ tā fān guòlái.

Tap the bucket.

轻敲水桶。

Qīng qiāo shuǐtǒng.

Lift the bucket up, that's it!

把桶提起来，就是这样啦!

Bǎ tǒng tí qǐlái, jiùshì zhèyàng la!

Swings 荡秋千 Dàng qiūqiān

Hold on!	抓好! Zhuā hǎo!
Let me push you.	让我来推你。 Ràng wǒ lái tuī nǐ.
You're really high!	你荡得好高啊! Nǐ dàng dé hào gāo a!
Do you want to go higher?	你想要再荡得高一点吗? Nǐ xiǎng yào zài dàng dé gāo yīdiǎ ma?
Have you had enough?	你玩儿够了吗? Nǐ wán er gòule ma?
Five more minutes.	再玩五分钟。 Zài wán wǔ fēnzhōng.

Vocabulary 词汇 Cíhuì

Park	公園	Gōngyuán
Slide	滑滑梯	Huá huátī
Climbing frame	攀爬架	Pānpá jià
Sand pit	沙池	Shā chí
Bucket	水桶	Shuǐ tǒng
Swings	荡秋千	Dàng qiūqiān

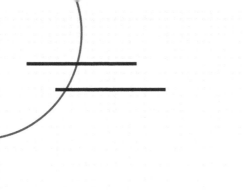

EATING

23. EATING
吃东西
CHĪ DŌNG XI

Are you hungry?

你饿了吗?

Nǐ èle ma?

What do you want to eat?

你想吃什么呢?

Nǐ xiǎng chī shénme ne?

Carrot sticks	胡萝卜条	Húluóbo tiáo
Crackers	脆饼干	Cuì bǐnggān
Fruit	水果	Shuǐguǒ
Biscuit	饼干	Bǐnggān
Yoghurt	酸奶	Suānnǎi
Sandwich	三明治	Sānmíngzhì
Crisps	薯片	Shǔ piàn

You've had enough.

你已经吃足够了。

Nǐ yǐjīng chī zúgòule.

It will be (lunch/ dinner) soon.

快到(午餐/晚餐)时间了。

Kuài dào (wǔcān/wǎncān) shíjiānle.

It's dinner time!
晚餐的时间到了!
Wǎncān de shíjiān dàole!

Wash your hands.
洗手。
Xǐshǒu.

Everybody, come to the table please.
大家请坐。
Dàjiā qǐng zuò.

Let's eat!
吃吧!
Chī ba!

It tastes delicious!
味道好极了!
Wèidào hào jíle!

Please try a bit.
尝一尝吧。
Cháng yī cháng ba.

You need to eat your dinner otherwise you will be hungry.
你得吃晚饭，否则你会饿的哦。
Nǐ dé chī wǎnfàn, fǒuzé nǐ huì è de ó.

It's good for you!
这对你是有好处的!
Zhè duì nǐ shì yǒu hǎo chǔ de!

Would you like some more?
要再来点吗?
Yào zàilái diǎn ma?

Have you finished?
你吃完了吗?
Nǐ chī wánliǎo ma?

69

Feeding baby / toddlers 喂宝宝/幼童吃饭 Wèi bǎobǎo/yòu tóng chīfàn

Let's put on your bib.
让我们给你戴上围兜。
Ràng wǒmen gěi nǐ dài shàng wé dōu.

Open wide!
嘴张大点!
Zuǐ zhāngdà diǎn!

Here comes the aeroplane!
飞机来啰!
Fēijī lái luō!

Don't spit it out!
别吐出来啊!
Bié tǔ chūlái a!

Don't drop food on the floor.
请不要把食物掉在地板上。
Qǐng bùyào bǎ shíwù diào zài dìb shàng.

Well done!
做得好!
Zuò dé hǎo!

Dessert 甜点 tiándiǎn

Would you like some dessert?
你想要吃一点甜点吗?
Nǐ xiǎng yào chī yīdiǎn tiándiǎn ma?

You need to eat your dinner before dessert.
你得先吃晚餐才能吃甜点。
Nǐ dé xiān chī wǎncān cáinéng chī tiándiǎn.

Have some more dinner please.
晚餐请吃多点。
Wǎncān qǐng chī duō diǎn.

Drinking 喝东西 Hē dōng xi

Are you thirsty? 你渴吗?

Nǐ kě ma?

What do you want to drink? 你想喝点什么呀?

Nǐ xiǎng hē diǎn shénme ya?

Water	水	Shuǐ
Milk	牛奶	Niúnǎi
Orange juice	橙汁	Chéng zhī
Apple juice	苹果汁	Píngguǒ zhī
Cranberry juice	红莓汁	Hóng méi zhī
Milkshake	奶昔	Nǎi xī
Cola	可乐	Kělè
Lemonade	柠檬水	Níngméng shuǐ

Here you go. 给你。

Gěi nǐ.

Careful don't spill it. 小心别弄洒了。

Xiǎoxīn bié nòng sǎle.

Vocabulary 词汇 Cíhuì

Bottle	瓶子	Píngzi
Cup	杯子	Bēizi
Glass	玻璃杯	Bōlí bēi
Jug	壶	Hú
Beaker / sippy cup	奶瓶	Nǎipíng

24. GOING TO THE RESTAURANT
去餐厅
QÙ CĀNTĪNG

Can I make a reservation.
我想订一张台。
Wǒ xiǎng dìng yī zhāng tái.

Do you have a high chair?
你有儿童餐椅吗?
Nǐ yǒu értóng cān yǐ ma?

Are there baby bottle warming facilities?
这儿有婴儿奶瓶加热器吗?
Zhè'er yǒu yīng'ér nǎipíng jiārè qì ma?

We have a reservation.
我们有预定。
Wǒmen yǒu yùdìng.

Can we sit somewhere else?
我们可以坐别的地方吗?
Wǒmen kěyǐ zuò bié dì dìfāng ma?

Can I see the menu?
我能看看菜单吗?
Wǒ néng kàn kàn càidān ma?

Can I see the wine list?
请问我可以看看酒单吗?
Qǐngwèn wǒ kěyǐ kàn kàn jiǔ dān ma?

Do you have an English menu?
你们有英文菜单吗?
Nǐmen yǒu yīngwén càidān ma?

Is this dish spicy?	这道菜辣吗？
	Zhè dào cài là ma?
Can we have a glass of water please?	请给我们一杯水好吗？
	Qǐng gěi wǒmen yībēi shuǐ hǎo ma?
Where are the toilets?	厕所在哪里？
	Cèsuǒ zài nǎlǐ?
Do you have baby changing facilities?	你们有尿布台吗？
	Nǐmen yǒu niàobù tái ma?
Can we get the bill please?	买单。
	Mǎidān.
Can we get a takeout box/ doggy bag?	可以给我们一个外卖盒吗？
	Kěyǐ gěi wǒmen yīgè wàimài hé ma?

Vocabulary 词汇 Cíhuì

Menu	菜单	Càidān
Bowl	碗	Wǎn
Plate	盘子	Pán zi
Knife	刀	Dāo
Fork	叉子	Chā zi
Spoon	勺子	Sháo zi
Chopstick	筷子	Kuài zi
Bill	帐单	Zhàng dān

SOCIAL SKILLS & EMOTIONS

25. INTRODUCING YOURSELF
介绍你自己
JIÈSHÀO NǏ ZÌJǏ

What is your name?

你叫什么名字呀?

Nǐ jiào shénme míngzì ya?

How old are you?

你多大了?
Nǐ duōdàle?

I am 4 years old.

我四岁了。
Wǒ sì suìle.

What is your favourite colour?

你最喜欢什么颜色呀?

Nǐ zuì xǐhuān shénme yánsè ya?

What is your favourite toy?

你最喜欢什么玩具啊?
Nǐ zuì xǐhuān shénme wánjù a?

What is your favourite cartoon?

你最喜欢的卡通是什么呀?
Nǐ zuì xǐhuān de kǎtōng shì shénme ya?

Do you have any brothers or sisters?

你有兄弟姐妹吗?
Nǐ yǒu xiōngdì jiěmèi ma?

Do you like playing with your brother / sister?	你喜欢和你的(哥哥/姐姐)一起玩吗?
	Nǐ xǐhuān hé nǐ dí (gēgē/jiějiě) yīqǐ wán ma?
What job does your (mum / dad) do?	你的妈妈/爸爸是做什么工作的呀?
	Nǐ de māmā/bàba shì zuò shénme gōngzuò de ya?
What would you like to be when you're older?	你长大以后想做什么呢?
	Nǐ zhǎng dà yǐhòu xiǎng zuò shénme ne?

Vocabulary 词汇 Cíhuì

Family	家庭	Jiā tíng
Parents	父母	Fù mǔ
Father	爸爸	Bàba
Mother	妈妈	Māmā
Children	孩子们	Hái zi men
Daughter	女儿	Nǚ'ér
Son	儿子	Érzi
Siblings	兄弟姐妹	Xiōngdì jiěmèi
Elder brother	哥哥	Gēgē
Younger brother	弟弟	Dìdì
Elder sister	姐姐	Jiějiě
Younger sister	妹妹	Mèimei

Family Tree

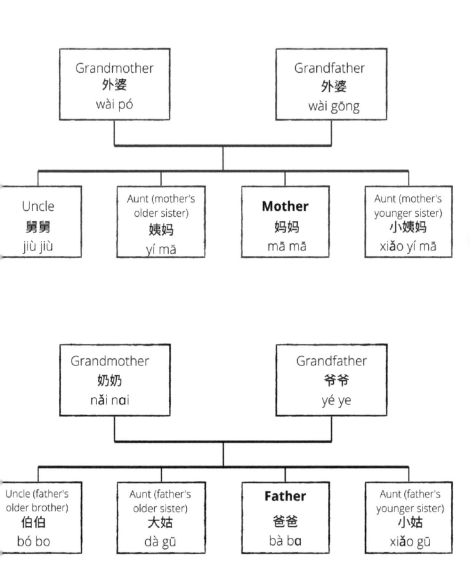

Grandmother 外婆 wài pó	Grandfather 外婆 wài gōng

Uncle 舅舅 jiù jiù	Aunt (mother's older sister) 姨妈 yí mā	**Mother** 妈妈 mā mā	Aunt (mother's younger sister) 小姨妈 xiǎo yí mā

Grandmother 奶奶 nǎi nɑi	Grandfather 爷爷 yé ye

Uncle (father's older brother) 伯伯 bó bo	Aunt (father's older sister) 大姑 dà gū	**Father** 爸爸 bà bɑ	Aunt (father's younger sister) 小姑 xiǎo gū

26. ANSWERING THE PHONE
接听电话
JIĒTĪNG DIÀNHUÀ

Who do you want to call?

你想要打给谁呀?

Nǐ xiǎng yào dǎ gěi shéi ya?

Let's call grandma

我们打电话给(奶奶/外婆)吧。

Wǒmen dǎ diànhuà gěi (nǎinai/wàipó) ba

There is no answer.

没人接听。

Méi rén jiētīng.

The phone is ringing.

电话铃响了。

Diànhuà líng xiǎngle.

Answer the phone!

接电话!

Jiē diànhuà!

Press the green button.

按绿色按钮。

Àn lǜsè ànniǔ.

Say "hello."

说"你好"。

Shuō "nǐ hǎo".

Who is that?

那是谁呀?

Nà shì shéi ya?

Wave to them!

朝他们挥挥手!

Cháo tāmen huī huīshǒu!

I can't see you, turn your camera on.	我看不到你，把你的照相机打开。	
	Wǒ kàn bù dào nǐ, bǎ nǐ de zhàoxiàngjī dǎkāi.	
Don't be shy!	不要害羞!	
	Bùyào hàixiū!	
Have you been a good girl/boy?	你有当一个乖宝宝吗?	
	Nǐ yǒu dāng yī gè guāi bǎo bǎo ma?	
Tell me what you've been up to.	告诉我你最近在做些什么呢。	
	Gàosù wǒ nǐ zuìjìn zài zuò xiē shénme ne.	
Need to go now, say "goodbye."	现在得挂电话了，说"再见"。	
	Xiànzài dé guà diànhuàle, shuō "zàijiàn".	
Wave goodbye!	挥挥手拜拜啦!	
	Huī huī shǒu bàibài la!	
Speak soon!	回头聊!	
	Huítóu liáo!	

Vocabulary 词汇 Cíhuì

Telephone	电话	Diànhuà
To make a phone call	打电话	Dǎ diànhuà
Telephone number	电话号码	Diànhuà hàomǎ
Video call	视频电话	Shìpín diànhuà
Hang up	挂断电话	Guà duàn diànhuà
Voicemail	语音信箱	Yǔyīn xìnxiāng

27. TAKING A PHOTO
拍照
PĀI ZHÀO

Let me take a picture.　让我照张相。
Ràng wǒ zhào zhāng xiāng.

Smile!　笑!
Xiào!

Say cheese!　说茄子!
Shuō qiézi!

Look at the camera.　看镜头。
Kàn jìngtóu.

Stay still.　别动。
Bié dòng.

Let me take another picture.　让我再照一张啊。
Ràng wǒ zài zhào yī zhāng a.

I'm recording a video.　我正在录像呢。
Wǒ zhèngzài lùxiàng ne.

Great photo!　好棒的照片啊!
Hǎo bàng de zhàopiàn a!

Do you want to see the picture?	你想看看照片吗?	
	Nǐ xiǎng kàn kàn zhàopiàn ma?	

Let's take a selfie!	我们来自拍吧!	
	Wǒmen láizì pāi ba!	

That's a funny picture!	那张照片好有趣啊!	
	Nà zhāng zhàopiàn hǎo yǒuqù a!	

Vocabulary 词汇 Cíhuì

Photo	照片	Zhàopiàn
Photo album	相簿	Xiàng bù
To take a photo	拍照	Pāi zhào
Photo frame	相框	Xiāngkuāng

28. HAPPY BIRTHDAY!

生日快乐！

SHĒNGRÌ KUÀILÈ!

Happy birthday!	生日快乐！ Shēngrì kuàilè!
You are now ... years old.	你现在......岁了。 Nǐ xiànzài......suìle.
You are growing up so fast!	你成长得真快啊！ Nǐ chéngzhǎng dé zhēn kuài a!
This present is for you.	这份礼物是送给你的。 Zhè fèn lǐwù shì sòng gěi nǐ de.
(I/We) hope you like it!	我/我们希望你会喜欢！ (Wǒ/wǒmen) xīwàng nǐ huì xǐhuā
Let's put the candles on the cake.	让我们来把蜡烛插在蛋糕上。 Ràng wǒmen lái bǎ làzhú chā zài dàngāo shàng.
Let's sing Happy Birthday!	让我们来唱生日快乐歌吧！ Ràng wǒmen lái chàng shēngrì kuài yuè gē ba!

Make a wish.	许个愿吧。
	Xǔ gè yuàn ba.
Blow the candles.	吹蜡烛了。
	Chuī là zhú le.
Let's cut the cake.	让我们切蛋糕吧。
	Ràng wǒmen qiè dàngāo ba.

Vocabulary 词汇 Cíhuì

Birthday party	生日聚会	Shēngrì jùhuì
Birthday cake	生日蛋糕	Shēngrì dàngāo
Birthday card	生日贺卡	Shēngrì hèkǎ
Present/gift	礼品	Lǐpǐn
Candle	蜡烛	Là zhú
Balloon	气球	Qìqiú

29. MANNERS
礼貌
LǏMÀO

Excuse me.	不好意思 Bù hǎoyìsi *(to get attention)*
	失陪 Shīpéi *(when leaving for a while)*
Sorry.	对不起。 Duìbùqǐ.
Please.	请。 Qǐng.
Thank you.	谢谢。 Xièxiè.
You're welcome.	别客气。 Bié kèqì.
Remember to say (thankyou/ please).	记得说谢谢/请。 Jìdé shuō (xièxiè/qǐng).
Don't snatch!	不要抢! Bùyào qiǎng!
Please ask politely.	请礼貌地问。 Qǐng lǐmào de wèn.

30. DISCIPLINE
纪律
J Ì L Ǜ

Be quiet.	安静。 Ānjìng.
Stop!	停！ Tíng!
Don't go!	不要走！ Bùyào zǒu!
Go!	走！ Zǒu!
Stay there!	留在这！ Liú zài zhè!
Behave.	乖一点。 Guāi yīdiǎn.
Please don't make me ask you again.	别让我再问你一遍啊。 Bié ràng wǒ zài wèn nǐ yībiàn a.
I'm going to count to 3!	我数到三啊。 Wǒ shù dào sān a.
I'm not kidding.	我不是在开玩笑。 Wǒ bùshì zài kāiwánxiào.

I said no.

我说了不行。

Wǒ shuō liǎo bùxíng.

Listen to me.

听我说。

Tīng wǒ shuō.

Shouting will not get you anywhere.

你大喊大叫没用的。

Nǐ dà hǎn dà jiào méi yòng de.

We don't hit people.

我们不能动手打人。

Wǒmen bùnéng dòngshǒu dǎ rén.

Do you understand?

你明白了吗?

Nǐ míngbáile ma?

Calm down.

冷静点。

Lěngjìng diǎn.

Apologise to ...

向……道歉。

Xiàng……dàoqiàn.

31. WHAT'S WRONG?
怎么了？
ZĚNMELIĂO?

Hey, what's the matter?

嘿，怎么了？

Hēi, zěnmeliǎo?

Do you want to talk about it?

你想聊一聊吗?

Nǐ xiǎng liáo yī liáo ma?

I'm listening.

我在听。

Wǒ zài tīng.

It's okay, I won't be mad.

没关系，我不会生气的。

Méiguānxì, wǒ bù huì shēngqì de.

You can trust me.

你可以信任我的。

Nǐ kěyǐ xìnrèn wǒ de.

Talk to me.

跟我聊聊。

Gēn wǒ liáo liáo.

It's good to talk.

聊一聊总是很好的。

Liáo yī liáo zǒng shì hěn hǎo de.

Don't worry, it will be okay.	别担心，一切都会好的。	
	Bié dānxīn, yīqiè dūhuì hǎo de.	
I'm always here for you.	我会一直在你身边。	
	Wǒ huì yīzhí zài nǐ shēnbiān.	

Vocabulary 词汇 Cíhuì

Emotions	情绪	Qíngxù
Happy	快乐	Kuàilè
Sad	悲伤	Bēishāng
Excited	兴奋	Xīngfèn
Calm	冷静	Lěngjìng
Scared	害怕	Hàipà
Angry	愤怒	Fènnù
Nervous	紧张	Jǐnzhāng
Embarressed	尴尬	Gān gà
Jealous	妒忌	Dùjì
Suprised	惊讶	Jīngyà
Worried	担心	Dānxīn

32. I LOVE YOU
我 爱 你
WǑ ÀI NǏ

I love you.　　　　　　我爱你。

Wǒ ài nǐ.

Let me give you a hug.　　让我给你一个抱抱。

Ràng wǒ gěi nǐ yīgè bào bào.

Can I have a kiss?　　　可以亲亲我吗?

Kěyǐ qīn qīn wǒ ma?

You're so cute!　　　　你太可爱了!

Nǐ tài kě'àile!

You make me so happy.　你让我很开心。

Nǐ ràng wǒ hěn kāixīn.

You are my sunshine.　你是我的阳光。

Nǐ shì wǒ de yángguāng.

Mummy and daddy　　妈妈和爸爸非常爱你。
love you so much.

Māmā hé bàba fēicháng ài nǐ.

I'll always love you.　我永远爱你。

Wǒ yǒngyuǎn ài nǐ.

I love you with all my heart!   我全心全意爱你!

Wǒ quán xīn quán yì ài nǐ!

I'm always here for you.   我会一直在你身边。

Wǒ huì yīzhí zài nǐ shēnbiān.

Vocabulary 词汇 Cíhuì

To cuddle/hold	拥抱	Yǒngbào
Kiss	吻	Wěn
Love	爱	Ài

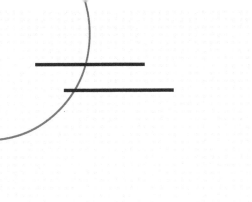

SLEEPING

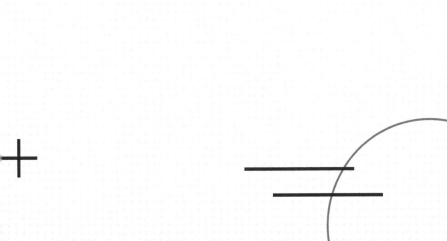

33. TAKING A NAP
小睡
XIĂOSHUÌ

It's time for a nap.

是时候小睡一会儿了。

Shì shíhòu xiǎo shuì yī huǐ'erle.

Lie down with (mummy/daddy).

和(妈妈/爸爸)躺在一起。

Hé (māmā/bàba) tǎng zài yīqǐ.

Close your eyes and go to sleep.

闭上眼睛,睡觉。

Bì shàng yǎnjīng, shuìjiào.

Do you want your blankie?

你想要你的毛毯吗?

Nǐ xiǎng yào nǐ de máotǎn ma?

I'll be back in a bit.

我一会儿就回来。

Wǒ yīhuǐ'er jiù huílái.

Lie down quietly.

安静地躺下。

Ānjìng de tǎng xià.

Vocabulary 词汇 Cíhuì

To take a nap	小睡	Xiǎoshuì
Blankie	毛毯	Máotǎn
Dummy	奶嘴	Nǎizuǐ

34. GOODNIGHT
晚 安
W Ă N ' Ā N

Go to bed.	睡觉。 Shuìjiào.
Are you sleepy?	你困了吗? Nǐ kùn le ma?
Get into bed.	到床上去。 Dào chuáng shǎng qù.
Be good and stay in your bed tonight.	乖,今晚就在你的床上睡觉。 Guāi, jīn wǎn jiù zài nǐ de chuáng shàng shuìjiào.
Sweet dreams.	做个好梦。 Zuò gè hǎo mèng.
Lights out!	关灯! Guān dēng!
Love you.	爱你。 Ài nǐ.
Sleep tight!	睡个好觉! Shuì gè hǎo jué!
I'll keep the night light on.	我会开着夜灯。 Wǒ huì kāizhe yè dēng.

I can't sleep! 我睡不着! Wǒ shuì bùzháo!

Get back into bed!

回到床上去!
Huí dào chuáng shàng qù!

No messing around.

不要胡闹。
Bùyào húnào.

I can hear you talking, be quiet!

我能听到你说话，安静点哦!
Wǒ néng tīng dào nǐ shuō huà,
ānjìng diǎn ó!

You should sleep in your bed.

你应该睡在你的床上哦。
Nǐ yīnggāi shuì zài nǐ de chuáng
shàng ó.

I will stay with you for a bit.

我陪你待一会儿吧。
Wǒ péi nǐ dài yīhuǐ'er ba.

Don't wake your brother/sister up.

不要吵醒你的兄弟/姐妹。
Bùyào chǎo xǐng nǐ de xiōngdì/
jiěmèi.

Please calm down.

请冷静下来。
Qǐng lěng jìng xiàlái.

Mummy/ daddy is tired!

妈妈/爸爸累了!
Māmā/bàba lèile!

Do you want me to sing you a lullaby?

你想让我给你唱首摇篮曲吗？

Nǐ xiǎng ràng wǒ gěi nǐ chàng shǒu yáo lánqǔ ma?

It's okay, I'm here.

没关系，我在这里。

Méiguānxì, wǒ zài zhèlǐ.

Vocabulary 词汇 Cíhuì

Bedroom	卧室	Wòshì
Bed	床	Chuáng
Pillow	枕头	Zhěntou
Quilt/blanket	被子	Bèizi
Bedsheet	床单	Chuángdān
Nightmare	恶梦	È mèng
Sleepy	困	Kùn
Sleep	睡觉	Shuìjiào
Sleepless	失眠	Shīmián
To oversleep	睡过头	Shuì guò tóu
Lullaby	催眠曲	Cuī mián qǔ

Thank you for purchasing this book!

If you have found this book useful please leave a review, we would love to hear from you!

Please visit **mooliprint.com** to listen to the free Chinese audio and to find out more about our other books.

For any questions or suggestions please contact us at mooliprint@outlook.com